ROYER D'AGEN

LOURDES

BOYER D'AGEN

LOURDES

TRENTE-SEPT ILLUSTRATIONS

D'APRÈS LES PHOTOGRAPHIES DE MM. VIRON, CAZENAVE, FELICI, CHRISTOPHE et BOYER D'AGEN *(Verascope Richard)*

PUBLICATIONS OCTAVE BEAUCHAMP
295, Boulevard Raspail, 295
PARIS

On lit au Livre des Patriarches qu'Abraham, ayant pénétré en terre bénie de Chanaan et voulant sacrer le lieu où Jéhovah lui avait parlé pour lui promettre une postérité égale aux sables de la mer et aux étoiles du firmament, avait dressé une pierre et appelé Bethel, — ou Maison de Dieu, — le premier temple érigé ainsi à la divinité bienfaitrice, par son humanité reconnaissante. Une pierre et un nom dessus : tel fut, à tous les âges de l'histoire, le symbolisme de pérennité que cette humanité passagère donna à sa faiblesse suppliante pour adresser à l'Immuable des actions de grâce plus durables que l'eau des torrents qui fuit et que les jours de la vie qui s'écoule et, comme l'eau, ne revient pas. Béthel en Samarie ou Sion en Jérusalem, Delos dans les Cyclades bleues ou Delphes sur le Parnasse azuré, Parthénon à Athènes ou Capitole à Rome, c'étaient aussi, pour tout culte de la même divinité secourable, les hauteurs des montagnes que cette même humanité, partout et toujours malheureuse, choisissait, pour parler de plus près à la Toute-Puissance qui s'inclinait vers elle, du haut balcon des cieux.

Ainsi, au cours des âges, sur cette terre souffrante d'infini en sa sphère finie et dolente, toutes les formes de la prière suppliante avaient imprimé à la pierre le symbolisme de leur foi et l'Inconnu de l'au-delà. L'implacable justice de la Loi judaïque avait eu à Jérusalem son temple jusqu'à la ruine qu'en accomplit, au nom d'une autre justice et d'une autre loi, le siège de Titus et le sénat de Rome. Plus douce aux humbles de la vie, que l'arrogance payenne avait toujours sacrifiés à l'orgueil de ses aristocrates et à la transcendance de ses esthètes, la Grâce chrétienne avait fait fleurir ses innombrables églises, asiles de bonté, partout où les durs et faux dieux avaient semé à profusion le marbre froid de leurs basiliques stériles et l'inféconde foule de leurs statues perdues, sans âme, dans la splendeur des panthéons sans amour. Ce fut alors que la pitié prit Dieu de sa créature malheureuse et que, pour la consoler dans sa chute et la relever sur le chemin, il naquit d'une femme et se fit homme semblable à nous.

Noël! Noël! Mais, depuis deux mille ans que ce mystère d'amour divin s'opéra dans le sein de la plus pure Vierge de la tribu de Juda, combien de fois les berceaux sont devenus des tombes, et les *Gloria* de Bethléem changés en *Tolle* du Calvaire! La rédemption du monde était-elle si difficile qu'un Dieu même y parût renoncer, après vingt fois cent ans de mise en croix quotidiennement renouvelée par son Christ, et d'indifférence sinon de parjure consommé, chaque jour, par le peuple incrédule qui ne veut plus, pour se régénérer, du sang divin? Comme aux temps anciens où les prêtres de Jupiter entendirent des voix maudites dire, au fond de leurs temples déserts : « Les dieux s'en vont! » du nôtre aussi, les sanctuaires se dépeuplent où le sacerdoce chrétien ne renouvelle que pour quelques rares assistants ce mystère d'incarnation à laquelle Dieu seul reste fidèle et s'immole encore pour une créature qui ne semble plus le reconnaître. Aux portes de ces églises déjà vides, la Loi des républiques nouvelles apparaît, précédant la Loi des temps nouveaux qui verront la ruine de tout ce qui est debout aujourd'hui. Et c'est à cette heure angoissante où un siècle de scepticisme se prépare à clore l'ère de vingt siècles de foi, par une apostasie mondiale dont l'histoire des peuples n'a jamais présenté la pareille, que, la mère de Dieu cherchant en France sa nouvelle Judée et, à Lourdes, son nouveau Bethléem, choisit le berceau gracieux des montagnes pyrénéennes pour faire naître, sous ses pieds blancs fleuris de roses, une source d'eaux vives si abondantes que les miracles d'amour et de pitié qu'elles répandront, avec elles, vont rendre la croyance à l'incrédulité des foules citées ici et confondues. A cette heure, choisie par la science pour

LOURDES EN 1870

LOURDES EN 18[illegible]

LOURDES EN 1870

l'émancipation humanitaire, c'est la Foi de l'Église primitive qui revient au monde, au milieu de prodiges divins; et c'est le Christ qui renait à la terre, avec ses grands miracles de thaumaturge, créateur et maître de la Nature asservie :

— Noël à douce France ! .. Noël à Lourdes, la bénie !

Le jour du 11 février 1858 se leva particulièrement serein, sur les hauteurs du Pic du Ger, au point précis où les sept plaines du Lavedan s'arrêtent émerveillées devant les Pyrénées, tout à coup entr'ouvertes, qui y font resplendir la pittoresque Lourdes, assise entre sa forteresse du sommet et son gave du fond. Celle-ci s'étaye, comme sur un contrefort miniatural que les torrents ont dentelé, à la masse géante des Pyrénées rangées sur l'autre bord. Le mont de Batsurguère, le pic de Vignemale, le Maladetta formidable, ils sont tous là, s'entrecoupant de glaciers éternels et de ports azurés. Ils s'échelonnent l'un sur l'autre pour regarder, de leurs têtes sublimes, vers ce petit coin oublié de la terre où une bergère de quatorze ans, joignant ses mains, et tombant à genoux, allait faire descendre le ciel, au secours des millions d'infirmes dont ce soleil levant rallumerait la foi mourante et ranimerait les corps flétris.

Tout fut dit, tout fut fait, pour arrêter au début cette merveilleuse et consolante histoire. Et, quand furent frappées d'impuissance les mauvaises volontés, opposées à l'Apparition qui voulait là son église, vous savez cette envolée de marbres s'élançant jusqu'au faite de la triple basilique et du triple chef-d'œuvre d'élégance dont cette solitude de montagnes massives fut aussitôt extasiée. Massabielle n'était plus une grotte enfouie sous les lichens et les mousses sauvages des mornes Espélugues; c'était un ouvrage d'ivoire où la fontaine coulait pour l'espérance des malades et pour la réception du monde entier des simples et des malheureux qui viendraient se guérir là, ou s'y consoler seulement, en ajoutant une espérance nouvelle à leurs anciennes espérances. Et le Gave, qui baignait cette grotte, on le jetterait au loin, dans la campagne, comme un ruban délié et un bouquet de fleurs d'écume bouillonnante. Le vestibule que le ciel avait voulu se faire sur la terre avait enfin trouvé sa place, sur cette esplanade élargie. Le monde catholique et moderne avait reconquis son boulevard d'action et de merveilleux et, pour des siècles encore, l'univers des croyants pouvait passer par là. Et voilà ce qu'avait fait, dans la simplicité de sa foi et pour l'étonnement de son époque sceptique, la pauvre fille d'un meunier qui n'en avait pas ajouté une meule de plus à son misérable moulin de la rue des Petits-Fossés.

La badauderie humaine pouvait même défiler à son heure, devant cette grotte où les petits et les souffrants du monde se donneraient rendez-vous, sans laisser craindre que les grands et les forts de la libre-pensée moderne ébranlassent la plus infime de ces pierres qu'une majesté plus haute que celle de quelques hommes entendus a posée là, en la sacrant. *Res sacra, miser !* Où dira-t-on, avec plus de respect qu'ici, devant ces groupes de perclus et tous ces instruments de la souffrance humaine, cette parole de païen que ne raillera pas, sans folie, quiconque est homme et peut souffrir, à son heure.

Refaire l'historique de cette merveilleuse chronique, renouvelée de l'âge des plus idéales légendes de la foi chrétienne, serait surcharger de ratures un livre d'or enluminé par les plumes des anges. Autant vaudrait d'écrire pour les Canaques. Et encore il n'est pas sûr que les sauvages d'Océanie n'aient pas aussi leur traduction de l'histoire de Bernadette, mieux connue du monde entier que ne le fut celle d'un César ou d'un Napoléon? La raison des pages qu'on va lire est plus simple, et moins importante la mission de l'écrivain qui les entreprend. Chargé surtout de présenter à ses lecteurs des images d'album, celui-ci se contentera de les encadrer avec les simples notes qu'il a recueillies à Lourdes, durant ses divers voyages à l'adorable pays de Notre-Dame. On dit que ces mêmes sauvages des iles lointaines, rentrant de la chasse, piquent au bois du foyer les plumes de leurs aigrettes et les flèches de leurs carquois, à l'honneur de la divinité qui leur fut propice en ce voyage. Que ce soit aussi, quoi qu'il vaille, l'ex-voto qu'une main maladroite suspend, avec l'hommage de son amour pieux, à l'églantier fleuri de celle qui, ayant choisi pour ses pieds blancs un rosier sauvage, n'en a pas exclu les épines...

Ici donc, de mon petit coin, en toute indépendance de pensée et de plume, je voudrais dire comment m'est venue la foi en Lourdes.

I

Avant 1870 et les premiers coups de canon au retentissement desquels la France avait fini de rire, lorsque vous voyagiez à travers nos paroisses de l'Agenois, de l'Armagnac et du pays de Bigorre même, si vous étiez un familier du presbytère et si l'on vous y invitait à une libre causerie sous la charmille, ce n'était pas miracle que vous entendissiez ce dialogue où un jeune vicaire se faisait relever d'importance, par son doyen :

— Et vous croyez à Lourdes, vous?

— Comme à un article de foi!

— Halte-là! Cet article de foi n'est pas encore défini. Je doute même que l'Église s'y résolve jamais. Lour-

LOURDES EN 1870

des, un article de foi?... Tenez : il faut à l'Eglise de France un sentimentalisme nouveau et un nouveau clergé assez jeunet, pour affirmer que...

— Pour affirmer, Monsieur le curé, que vous croirez, demain, à ce que nous croyons aujourd'hui.

— Moi, croire à Lourdes! En vérité, je vous le dis, Monsieur l'abbé, c'est un scandale!...

Et tandis que le jeune vicaire se renversait sur sa bergère, les mains passées à sa ceinture comme pour y chercher des poignées de pistolets innocents, il laissait courir dédaigneusement un blanc sourire sur l'épiderme fraîchement rasé de son pieux visage. Cependant la voix du vieux doyen, se voilant sur un aveu si triste, finissait par tomber tout entière dans la tasse de café qu'on buvait à petits coups, parmi le silence de la tonnelle. D'ordinaire, on n'osait en dire davantage. Et c'était bien assez... Et vous alliez perplexes, plus loin, de la Garonne aux Pyrénées, dans ce pays paradoxal de mécréants et de crédules qui ne vous rassureraient pas, du tout, sur ce qu'il fallait croire.

... J'avais neuf ans quand, pour le compte de ma foi, en Gascon catholique, mâtiné de Quercinois presque huguenot, je fus appelé à résoudre aussi, pour mon compte, le problème du mystère de Lourdes. Selon l'usage des familles chrétiennes de « chez nous », mes parents venaient de m'interner au séminaire de ma ville natale, pour y apprendre ma religion aussi soigneusement que mes auteurs classiques. Je me souviens encore de mes premières impressions, dans ce séminaire aux murs noirs, — plus noirs à l'extérieur qu'au dedans, je l'avoue. La plus cruelle fut celle que me communiquait fâcheusement la cloche réglementaire en nous éveillant à cinq heures, chaque matin, nous les petiots, en plein hiver, en pleine neige. Je me souviens, comme d'hier, de ce lever quatre-à-quatre, à l'arrivée du surveillant qui secouait les têtes des retardataires et vous les envoyait au lavoir casser la glace des robinets et se débarbouiller, brrr!... là-dedans. Et puis, à travers les bises froides des corridors, les yeux encore tout bouffis de sommeil, nous descendions pour la « méditation » dans une salle basse que chauffaient, seules, les lanternes accrochées aux murailles. Ce fut par ce chemin de tramontane et cette salle de glacial corps-de-garde, que j'arrivai à Lourdes. Vous allez voir comment.

LE MOULIN DE BOLY OÙ NAQUIT BERNADETTE

Sitôt achevée la prière, que nous récitions à genoux, sur un plancher aussi froid que nos pieds, le surveillant nous faisait asseoir sur les bancs et commençait, sur l'évangile du jour, un beau sermon de demi-heure d'horloge. Je dis demi-heure, par à peu près : car j'ai bien conscience de ne l'avoir jamais écouté jusqu'au bout, ni peut-être jusqu'après le commencement. C'était mal. Aussi bien ne parlé-je que de moi ; car, de mes camarades, dont les yeux se fermaient aussitôt que les miens, je ne saurais dire si c'était de pitié ou de sommeil, durant cette pénible « Méditation de Saint-Pierre ».

Ainsi dormant, nous étions arrivés au cœur de l'hiver de cette première année de séminaire, quand notre surveillant soporifère descendit, un matin, à la « Méditation » avec un livre ; et, au lieu de prêcher, il lut. C'était une histoire, tout nouvellement arrivée aux portes mêmes de nos chères Pyrenées; l'histoire d'une fillette de notre âge, en pauvre capeline des montagnes, à qui la Sainte Vierge venait d'apparaître. La bergerette, sans grand troupeau, s'appelait Bernadette. Son père Soubirous, — un malheureux meunier chargé de quatre enfants, avait envoyé son aînée, un matin de l'hiver 1858, ramasser avec sa sœur seconde, autour des rocs de Massabielle, des branches de bois mort que le Gave y apportait, la nuit, de la montagne. Par l'orée supérieure de la grotte, dix-huit apparitions durant,

LOURDES, VUE PRISE DU CÔTÉ NORD

LES BRANCARDIERS SUR L'ESPLANADE DU ROSAIRE

une dame vêtue de blanc avec une écharpe bleu-pâle était apparue à la petite Bernadette et, égrenant entre ses longues mains d'ivoire, son blanc rosaire de perles fines, elle avait fait jaillir, à gauche de la Grotte, une source inconnue jusqu'alors au pays.

Je suis l'Immaculée Conception! avait-elle dit à la paysannette, en ajoutant qu'elle voulait que tout le monde vînt à Lourdes et bût de l'eau de cette source, et que la France et les autres nations malades en reviendraient guéries.

Et nous, les petiots et les simples, d'écouter sur nos bancs, comme si nous étions assis en Paradis, cette histoire miraculeuse où tout souriait à la fois à nos imaginations d'enfants : le ciel, avec le plus doux de ses mystères; la terre, avec ses grottes mystérieuses que suffisait à faire resplendir, à nos yeux éblouis, le simple cierge de la petite Bernadette; Lourdes et sa fontaine merveilleuse où tout le monde viendrait boire. Oh! la belle vision de foi, entrevue dans le paysage bleu des grandes montagnes, du lointain brumeux de cette salle basse du séminaire où notre surveillant nous lisait l'*Histoire de Notre-Dame de-Lourdes*.

Maman?...

Mon fils?

Si nous allions voir ça?...

Cette année-là, septembre étant venu et les vendanges pouvant attendre encore aux treilles, ma mère m'amena visiter enfin cette Lourdes qui me faisait rêver, les yeux ouverts. En quelques tours de roues à travers l'Armagnac, nous fûmes vite voiturés dans le pays des berets bigourdans et des [illegible] d'Espagne : ces prés verts, comme l'eau des gaves qui les inondent et où, sur des plaines immenses que la chaîne pyrénéenne clôture au loin, les pâtres en casaque et les pastoures en capulet font, çà et là, quelques points bleus et blancs...

Tarbes!... Juillan!... Ossun!... Adé!... Lourdes enfin!

Ce fut, de la colline dernière où nous arrivâmes, une éclaircie subite des Pyrénées. Brumeuses à leur base, nous en avions déjà vu briller les glaciers au lointain. Ici, nous ne commençions qu'à découvrir la masse blanche des monts qui reculaient encore, et le bouillonnement des gaves qui se brisaient à tous les rocs, pour mieux briller et fuir plus vite. Les premières assises de granit s'étageaient sur ce lit de ruisseau en gradations symétriques, et s'en allaient au Nord par la vallée, ou s'en venaient au Midi vers Argelès et Pierrefitte, par où ce gave descendait; ondulations majestueuses de pierres brunes, coulant en sens inverse des torrents aux eaux blanches. La petite ville de Lourdes s'asseyait sur le côté supérieur de la vallée. L'autre côté supérieur, qui faisait face à celui-ci, s'en allait, avec ses prés verts et son gave d'argent, vers Tarbes au Levant, et vers la gorge de Pau au couchant. Dans l'entonnoir que ces doubles hautes plaines creusaient aux premiers contreforts des Pyrénées naissant là, l'antique château-fort, — fief séculaire de ce redoutable passage, — s'élevait, solitaire et farouche, sur un pic isolé dont les torrents de la ville alimentaient avec fracas les fossés rocailleux que la nature lui tailla.

UNE CÉRÉMONIE SOUS LA PLUIE DEVANT LA CHAPELLE DU ROSAIRE

En s'avançant vers cette majesté seigneuriale de place-forte moyennâgeuse, on suivait, le long du Gave, le chemin escarpé qui le côtoyait. On passait devant la

MALADES DEVANT LES PISCINES

PRIÈRES DEVANT LES PISCINES

porte des Soubirous, si pauvre avec l'espèce d'écluse où nageaient les batteuses inertes de cette espèce de moulin qui persistait à ne rien moudre. On serpentait la sente, quelques minutes encore, le long de l'eau; et l'on arrivait enfin, aussi précipitamment qu'elle, devant la grotte de Massabielle. Pour se garer du torrent qui déferlait presque devant l'orifice de cette grotte naturelle, on entrait sous la voûte. Un autel de bois peint y tenait le milieu. Quelques béquilles et quelques plaques de marbre pendaient déjà, en ex-voto, à la muraille. La fontaine miraculeuse coulait au bord, à côté de quelques cierges qu'en passant des touristes pieux avaient laissés là, comme les premiers jalons d'une tente chrétienne qui allait si magnifiquement et si tôt s'y installer, pour servir d'hôpital et d'hôtel au monde catholique des souffrants. Alors, c'était simple et naïf, comme un de ces tabernacles primitifs, où les patriarches de la Bible campaient leurs familles de pâtres errants, autour des sources du désert.

A présent, la tente est devenue palais. Le palais a même triplé ses merveilles en surélevant sa triple église, à la hauteur où pouvait atteindre un chef-d'œuvre de pierre. Devant la Grotte, il fallait une esplanade assez grande pour y recevoir le monde entier de l'Orient et de l'Occident; et, comme dans un rêve, on a porté couler plus loin ce Gave furieux, qui semblait indomptable. De toutes ces merveilles, Bernadette n'a pas vu le glorieux ensemble et est morte, contente, au fond du cloître qui les lui a cachées. Seule, l'eau de la Dame Immaculée coule toujours, au même endroit. Et même les rares plaisantins qui risquent encore, sur le mystère de Lourdes, quelque facétie retardataire, sont, ou ces faux galants hommes qui ne comprennent rien de cette religion qui a idéalisé la femme et dont cette Vierge-Mère sert de type divin; ou ces intelligences banales dont les ailes, trop lourdes et toujours pesamment rabattues vers la terre, n'ont jamais mis au-dessous d'elles, ni le bleu de l'espace infini, ni le mystère de la vie éternelle et de l'incommensurable amour.

Depuis que cette terre admirable des miracles avait vu hésiter sur son seuil de rocailles fleuries le premier romancier de ce siècle malade, il appartenait à quelques derniers venus aventuriers de la plume à haut vol de prendre, pour un carnet de blanchisseuse, cette autre *Légende dorée*, en marge de laquelle on écrit présentement des comptes dignes du lavoir où la Gervaise de Coupeau tordait son linge. Quant à la plupart des hommes et des femmes de France, fiers de voir accourir, chaque année, au nombre d'un million quelquefois, les croyants et les incroyants des deux hémisphères visitant cette perle des Pyrénées et la trouvant digne des yeux de la Vierge du ciel qui y pleura, ils haussent les épaules devant ce tas de feuilles salies pour rien, et ils passent. Et ces innombrables miracles de bonté, qui rendent la guérison à un corps flétri ou la foi à une âme malade, continuent, de plus belle, devant le Gave aux blanches eaux torrentielles qui ont vite fait d'emporter ces papiers tachés d'encre et ces autres sécries laissées sur les rives par des gens, aussitôt oubliés que passés.

A vrai dire, il semble que, pour une discussion si grave, Lourdes, en souveraine cité du miracle qu'elle est, eût le droit d'attendre un adversaire digne d'elle. Comme un Achille boudeur retiré sous sa tente, qui n'en devait sortir qu'armé terriblement, on nous avait bien dit qu'Henri Lasserre, quelques années avant sa mort, préparait, en enfant du miracle, jaloux qu'il pût s'en faire encore pour d'autres que pour lui, une de ces diatribes fulminantes dont ce foudre de guerre prétendait avoir le catholique secret. Et, comme d'une autre Ilion, il n'allait faire que poussière des basiliques de granit et des hospices de marbre bâtis, autour de l'humble grotte de Massabielle, par ces évêques et moines, remueurs de millions de foules et de millions d'argent, qui n'avaient peut-être rien de mieux à faire qu'apporter à la rivière cet argent laissé à Lourdes pour des œuvres charitables dont le monde entier profite aujourd'hui.

Quand la mort est venue frapper chez Lasserre, le vieillard devenu sage avait fini par comprendre que les hommes, — fussent-ils des moines, — ne font rien avec rien et qu'ils ne payent pas avec les cailloux de la rivière un Gave qu'ils replient, comme un drap, pour aller refaire son lit ailleurs; ni des chapelles dont ils lancent les flèches vers les hauteurs angéliques qui les conçurent; enfin un boulevard de la chrétienté contemporaine qui semble avoir fait, de Lourdes, la capitale du catholicisme souffrant et consolé et, de la France gestatrice ancienne des divins prodiges, la terre encore classique du miracle :

— *Gesta Dei per Frances!*

Et pourquoi, à mon tour, arrivé à l'âge d'homme libre et à la profession d'écrivain

« NOTRE-DAME-DE-LOURDES DONNEZ-NOUS DES MIRACLES ! »

MALADES TRANSPORTÉS DE L'HÔPITAL A LA PISCINE

indépendant, n'essayerai-je pas de dire aussi ce que j'ai vu à Lourdes, non plus à travers la vision des historiens graves ou des légers romanciers, mais avec mes simples yeux d'observateur impartial et heureux d'affirmer, aujourd'hui, à la face du siècle des sceptiques, qu'il faut croire ici aux plus incroyables miracles et, comme dans une « Adoration perpétuelle » des créatures souffrantes, à la « Présence réelle » de la divinité compatissante inclinant, sur ce point privilégié de la terre, les urnes débordantes des dictames du ciel. *Ignoto Deo!* s'écriait, dans son désespoir de guérison, l'âme antique qui ignora le dieu sensible à la douleur et n'eut, que pour la volupté, d'autels autour desquels évoluait la triste théorie des malheureuses Danaïdes, sans espoir d'emplir jamais leurs urnes taries. A l'autel du dieu inconnu succède enfin le temple de la grâce manifeste et, aux théories marmoréennes de Delphes ou de Délos, les processions émotionnantes de la France moderne. Venez voir, à Lourdes, comment sont consolés ceux qui pleurent, et quels ex-voto de la souffrance humaine restent suspendus aux rochers de Notre-Dame de Lourdes, dont aucune froide déesse de la Grèce classique ne valut la grâce attendrie pour des yeux qui pleurent, ni la bonté apitoyable pour des cœurs palpitants.

UNE PROCESSION. — L'ORPHELINAT DES SŒURS DE CHARITÉ DE NEVERS (COSTUME DE BERNADETTE)

C'est encore un pèlerinage à la beauté. Mais celle-ci, plutôt morale, n'est pas de marbre antique dont furent faits des chefs-d'œuvre sans âme. Des entrailles de femme et de mère dont cette beauté est composée, naît un monde nouveau qui rend la vie à des corps épuisés, et d'immortelles espérances à un siècle sans foi que Dieu, maître de la nature et du miracle, terrasse tout à coup dans une aveuglante lumière et relève, voyant et convaincu, dans le soleil sans voiles d'un autre chemin de Damas.

II

Cette Lourdes, où je m'achemine pour la deuxième fois, — non plus avec une âme crédule d'enfant naïf, mais avec un esprit critique d'homme mûr, — a bien changé depuis les jours, vieux de trente ans, où je la vis pour la première fois surgir dans sa gaine de granits neufs et de marbres noirs du pays, semés de paillettes brillantes. C'était, comme aujourd'hui, par un soleil ami de ces hauteurs neigeuses et de ces glaciers éclatants; et l'allure majestueuse avec laquelle les monuments commençaient à se dégager des flancs de la montagne, annonçait déjà les belles œuvres qu'une telle promesse a réalisées pleinement. Où est l'humble val de Savy, avec ses chaumes et ses moulins de bois, où les pauvres Soubirous auraient peine à reconnaître le leur, sur ce splendide boulevard qui a contraint moulins et gaves à replier leurs ailes et à aller battre, plus loin, le blé de leurs blanches meulières et l'argent de leurs eaux écumantes? Et la ville aussi, qui la reconnaîtrait sous ses chaperons

RETOUR DE LA GROTTE

ENSEMBLE DES PISCINES

neufs d'ardoises coiffant, comme des paysannes cossues qui ont depuis fait fortune, ces vieilles maisons de jadis qui ne regrettent pas les pailles et les mousses de leurs antiques bonnets datant de l'époque des patriarches de la Bible ?

LE LONG DU GAVE

Pour expliquer de si anciennes traditions, la légende de Lourdes ne veut-elle pas que Moïse fût cause de sa première origine ? « Une reine d'Éthiopie, nommée *Tarbis*, écrit l'auteur du *Guide des Pèlerins*, aurait offert son trône et sa main à Moïse qui aurait refusé l'un et l'autre, parce qu'il avait pris des engagements avec Séphora, fille de Jethro. Blessée dans son amour-propre de reine et de femme, elle entreprit un long voyage et arriva sur les bords de l'Adour, près des Pyrénées. Ce pays lui plut ; elle s'y arrêta et y construisit une ville qui porta son nom : Tarbes. Elle avait une sœur, Lapurda, qui l'avait accompagnée. Elle désira l'établir assez près d'elle et l'envoya bâtir, à l'entrée des montagnes, une autre ville qu'on nomma *Lapurdum*, d'où est venu Lourdes. » Que, dans la nuit des temps, cette Lourdes prédestinée ait été celle qu'une ancêtre de la reine de Saba aurait fondée ; ou celle que les eaux bleues d'un lac voisin aurait submergée et gratifiée d'une légende aussi terrible que gracieuse, pareille à celle de la ville d'Is ; ou encore, plus historiquement, que la ville eût résisté et fini par se rendre à Crassus, lieutenant de César, qui la soumit à la domination romaine jusque vers l'an 400 de l'ère nouvelle ; il est certain que les plus beaux restes de ces périodes barbares, c'est au château féodal de Lourdes qu'il faut les aller cueillir en fleurs de rocailles d'où, par ces temps d'âpre chevalerie, coulaient toujours quelques gouttes de sang.

ALLÉE LONGEANT LE GAVE AU DELÀ DE LA GROTTE

Si le château de Lourdes, — qui s'élève à 42 mètres sur son rocher solitaire, et dont il faut compter encore 280 marches pour atteindre au faîte de son donjon, — ne doit, ni aux Romains de la première occupation, ni aux Visigoths de la seconde, sa bâtisse en vol d'aigle planant sur l'ouverture des vallées où l'envoie la montagne en imprenable avant-garde, il peut plus vraisemblablement revendiquer la présence des Maures dans son inaccessible repaire, quand Charlemagne y assiégea Mirat et qu'il fallut convertir ce musulman pour le prendre. A ce premier siège connu de son histoire, Lourdes doit aussi les premières armes de son blason : *de gueules à trois tours maçonnées de sable, sur un roc d'argent ; la tour du milieu, plus élevée que les autres et surmontée d'un aigle de sable éployé, membré d'or, tenant au bec une truite d'argent.* C'est ce poisson, que l'aigle légendaire ou véritable de Mirat était allé pêcher dans le lac voisin de Lourdes et qu'ensuite, planant sur le château, il avait laissé choir sur le fort. Charlemagne, témoin du fait et du prodige, crut la place abondamment approvisionnée pour un siège en règle, et y renonça. Du nom mauresque de Mirat, le château ne s'est-il pas appelé depuis *Mirabel* ; — comme on veut aussi que Lourdes vienne de Louis, prénom sous lequel fut baptisé ce roi maure ?

Avec Éléonore d'Aquitaine, l'indomptable fort fut dompté. Mais il fallut que l'imprudente suzeraine d'Aquitaine donnât à Henri Plantagenet sa main, en même temps que ce château dont purent seules disposer les lois sacrées de la chevalerie en le glissant, dans la corbeille de noces. Du XIIIe au XVe siècle, ce fief passa, des mains de Leicester et de Galles à celles de Simon de Montfort et autres comtes de Toulouse et de Bigorre, jusqu'après le traité de Brétigny qui rendit le fort de Lourdes aux Anglais. Dans la suite, trois capitaines de la taille de Duguesclin, de Pierre d'Anchin et de Manaut de Barbazan, ayant encore échoué, il fallut qu'un dernier siège du fort, qui dura deux ans presque, finit par le rendre à ses premiers maîtres, le 26 mars 1408.

Un proverbe de Bigorre dit : *Bigorrian pier què can !* Et il convient de le traduire par : « Bigorrain, plus fidèle qu'un chien ! » Il le prouva surtout à Lourdes, pendant les guerres de religion où le Béarn se fit huguenot. Seuls de cette province, les paysans du Bigorre et du Lavedan restèrent fidèles à la foi de leur baptême. Pour la garder, il fallut se battre ; et l'on n'y fit pas défaut au fort de Lourdes dont le gouverneur était, en 1563, le brave d'Incamps qui répondit si fièrement à Villars le sommant de capituler : « Le roi de France m'a confié cette

LA GROTTE DE MASSABIELLE

place pour la lui garder, et non pour vous la rendre ». En 1567, Jeanne de Navarre fit assiéger et même brûler Lourdes par son lieutenant, le vicomte de Duras; mais le château de la ville brava les flammes, du haut de son inaccessible faîte. En 1592, seul de tout le pays de Bigorre soumis au parti huguenot, il tenait tête encore et ne se rendit à Henri IV qu'après l'abjuration royale. La foi restant sauve, il pouvait ouvrir ses portes à la famille d'Albret convertie qui en fit même sa résidence. Telle, la personne de très haute et très noble dame Claire d'Albret trépassée dans le château de Lourdes, confessée, communiée et enterrée dans l'église paroissiale de Saint-Pierre, l'an 1644. Signé : Peyrafitte, curé ».

LES MALADES SUR L'ESPLANADE DU ROSAIRE

Depuis lors, n'ayant plus à se battre ni pour son Dieu, ni pour son Roi, l'antique château de Lourdes sans assauts fut aussi désormais sans histoire. Le vieil aigle féodal, veuf d'apagnage et n'ayant plus à planer haut dans le ciel sans tache de Bigorre, replia sur son aire une aile languissante et, jusqu'alors gardien des libertés de Navarre, il n'eut plus qu'à surveiller, dans sa tour transformée en prison d'Etat, les détenus politiques que lui confia le royaume. On envoyait au donjon de Lourdes, sous les rois, comme à celui de la Bastille, des fils de famille trop prodigues ou des seigneurs coupables d'aventures trop galantes. Sous la Révolution, Barrère y fit détenir maints ci-devant *inciviques*, qu'il s'agissait de *dépayser*. Sous le premier Empire, Napoléon y envoya lord Elgin, ambassadeur d'Angleterre à Constantinople, qui, en route pour les bains de Barèges, ne s'attendait pas à trouver dans Lourdes une telle station thermale : « O Hercule, que tes étuves sont froides! » avait dit, en pareille occurrence, le roi de Numidie arrêté dans les prisons de Rome. La conspiration de Moreau amena au fort de Lourdes d'autres prisonniers politiques, le major Rustillan, Charles d'Hozier, Ernest de Ginoux. La guerre d'Espagne ayant fait servir ce donjon à l'internement de plusieurs officiers castillans, on continua, sous la Restauration, au château de Lourdes l'honneur de la réhabilitation par les armes; et des vétérans sans foyer y logèrent, jusqu'à ce que Louis-Philippe convertit cette ancienne place en nouveau bastion, muni de travaux de défense et d'une compagnie d'infanterie qui remplaça les vétérans. En 1870, redevenu prison militaire pour recevoir 200 Bavarois pris à la guerre franco-allemande, le vieux fort, trop vieux pour se survivre plus longtemps, a fini par se vider tout à fait et laisse passer, par son *Pourtet* grand ouvert, quiconque veut aujourd'hui le visiter. Fantôme désarmé des âges héroïques de France, à quoi servirait-il encore : si ce n'est à voir tourner son ombre séculaire à ses pieds, et à l'étendre protectrice jusque sur le rocher de Massabielle où un autre âge merveilleux commence et où s'arment, pour d'autres combats et en d'autres veillées chevaleresques, de nouveaux preux qu'y sacre Notre-Dame la-Vierge, à ses pieds blancs, fleuris d'églantines sauvages.

Sur ce pré solitaire de Savy où, avant qu'y parût le [illegible] blanc de Bernadette, ne s'étaient donné rendez-vous que les ruisseaux du Lapaca et de la Merlasse pour y augmenter le désordre des gaves descendus écumants de Gavarnie, d'Héas, de Cauterets, d'Isaby, d'Azun, de Bergons, de Gazost et de Batsurguère, c'est, aujourd'hui, une autre Lourdes et une autre ville toute neuve sortie de la montagne, en pierres blanches, pour recevoir en digne hôtesse les citoyens du monde entier qui la visitent, et s'y trouvent à l'aise. Mais pour laisser une troisième ville, — la Lourdes du Miracle, — au silence de ses bois sacrés et au recueillement de ses divins sanctuaires, voici que les deux autres cités, la vieille et la nouvelle où Marthe vague et se surmène, se sont tout à coup isolées, derrière un rideau de grands arbres ; et la cité des prodiges apparaît seule et presque solitaire, aux yeux extasiés de la contemplative Marie.

UN GROUPE DE PÈLERINS DES

EN ATTENDANT LE PASSAGE DU SAINT-SACREMENT

On ne saurait mieux comparer la magique Esplanade, dans l'immensité de laquelle surgissent trois églises superposées et atteignant en jet de flèches rapides la hauteur même des montagnes environnantes, qu'à un de ces mirages fantastiques du désert où le voyageur étonné admire le plus inattendu et le plus indescriptible spectacle. Pour trouver à celui-ci quelque terme de comparaison approchante, il faudrait évoquer le décor de Delphes dont les rochers mystérieux se pourraient opposer à ceux des Espélugues caverneuses qui, cependant, ne font à Lourdes qu'un fond de pierres noires et massives où brillent mieux les marbres des sanctuaires et où fusent plus sveltes les flèches dentelées, jusqu'au ciel. Si la comparaison doit rester dans le giron catholique et s'il m'était permis une impression personnelle, j'oserais dire qu'aux premiers pas que j'ai faits sur cette Esplanade, aussi harmonieuse de courbes dessinant un cœur, que majestueuse d'amplitude où 100.000 hommes peuvent tenir à l'aise, elle m'a rappelé la Place de Saint-Pierre. La colossale colonnade du Bernin, loin d'écraser de son poids peut-être lourd les sveltes arcatures de M. Hardy, ne laisse, à cet architecte français d'une œuvre aussi très française, que plus de mérite à l'avoir réussie avec ce caractère de légèreté et d'élégance qui sont inséparables de notre style national. Et quand on songe qu'à l'érection de ce château de dentelles qu'est la basilique formant fond, et à cette broderie d'encadrement que sont les arcatures des contre-bas et des terrasses, il n'a fallu pas moins qu'une montagne pour carrière de granit et que 3.736.556 francs pour fond de bourse à payer la seule main-d'œuvre ; l'œil reste aussi ravi que l'esprit édifié d'une telle maîtrise, à laquelle une pareille économie collabora.

Mais ce n'est plus tant l'œuvre de pierre qui frappe, ici, moins le cœur qu'elle n'enchante les yeux. En regardant cette esplanade circulaire vide ou pleine, on y sent battre, à chaque heure du jour et de l'année, un cœur immense dont elle a pris la forme, en effet. C'est ce même cœur de l'humanité chrétienne, dont on compte les palpitations ardentes sur chaque dalle dont est pavée la Place-de-Saint-Pierre et qui y figure un cœur, elle aussi. Mais là-bas, c'est le cœur du catholicisme triomphant, devant un chef-d'œuvre de pierre que symbolisa le génie souverain à la papauté souveraine. Ici, c'est le cœur de la catholicité souffrante et implorant, à deux genoux, la divinité compatissante pour les nations blessées et guérissables. Sur ces pierres, déjà usées par le passage d'un demi-siècle de générations gémissantes, que de larmes brûlantes ont coulé auxquelles des patries moribondes doivent de vivre encore, sinon d'avoir ressuscité tout à fait ! Que de paralytiques sont venus s'y étendre, sur le passage du Fils du charpentier de Nazareth qui leur a dit : « Levez-vous ! » et ils ont emporté leurs grabats. Que d'aveugles ont crié à Jésus : « Fils de David, fais que je voie ! » et ils ont vu. Que de mères ont redemandé ici la vie de leurs enfants, que de femmes épouses ou filles — celle de leurs maris ou de leurs pères, vie de l'âme tarie ou du corps épuisé... O Lourdes ! terre du miracle visible et du prodige manifeste, quand parleront tes pierres pour dire à l'homme ingrat qu'il n'aura trouvé grâce pour ses crimes, devant son juge suprême qui les compte, que parce qu'ici des yeux de femmes auront pleuré en regardant pleurer aussi, dans sa grotte mystérieuse, la Femme de toutes les douleurs et la Mère de toutes les espérances ? Et même, si la fontaine miraculeuse, — qui coule, sous les pieds de la Vierge de Lourdes, à 122.000 litres par jour, d'une pierre aride jusqu'à l'heure de l'Apparition, — n'est-elle pas si abondante et si intarissable que parce que des millions de larmes l'alimentent, tombant silencieusement de ces autres sources sacrées, les yeux de nos mères et de nos femmes de France que la mère de Dieu a reconnues et adoptées, à Lourdes, pour ses filles ?

DE DE L'ÉGLISE DU ROSAIRE

Des trois églises superposées à la grotte de Massabielle qui leur sert de base, celle du Rosaire est la première où l'on accède par l'Esplanade, dite aussi du Rosaire, dont l'amplitude permet aux pèlerins de tenir là leurs assemblées plénières. De cette chapelle au narthex byzantin, dont la seule arche audacieuse encadre les quatre portes s'ouvrant dessous et la légende figurée du Rosaire et de saint Dominique, l'œil embrasse avec ravissement l'harmonie puissante des contreforts circulaires qui, ayant ceint l'Esplanade, comme les deux bras arrondis d'un géant en prière, arcboutent à la hauteur de la voûte leur robuste appareil en bossage brut des Romains et continuent, en terrasse, leur double chemin circulaire jusqu'aux pieds de la Crypte et de la Basilique. Ils laissent, au milieu de ce deuxième enlacement du colosse de pierre, l'ample coupole du Rosaire et son élégant campanile s'ouvrir, par vingt rosaces oculaires, à la lumière qui envahit de toute part cette architecture aussi spontanée et aussi inventive, que la prière qu'elle inspire.

L'INTÉRIEUR DE L'ÉGLISE DU ROSAIRE

Par là-dessus s'en va la Crypte, œuvre digne vraiment des temps cyclopéens qui ne l'eussent pas plus prodigieusement taillée tout entière, au cœur même du rocher vif. Comme un cyclope aussi à l'œil unique, elle n'ouvre son antre obscur que par une seule porte. Deux longs couloirs, tapissés d'ex-votos, vous conduisent aux autels dorés de cette crypte noire dont une infinité de lampes éclairent la nuit mystérieuse, entre une infinité de colonnettes soutenant, comme par miracle, la voûte surbaissée et la masse de la basilique supérieure qui y pèse, de son poids troublant. Car, si vous n'avez trouvé, dans cette Crypte architecturalement grave, comme un tombeau, autre chose à admirer que le recueillement plus austère des pèlerins semblant réciter leur rosaire sur le chapelet même que le saint curé d'Ars laissa ici à leur vénération ; c'est à la Basilique, que vous attend le chant des hymnes et la suprême exaltation de Lourdes.

L'INTÉRIEUR DE LA BASILIQUE

Vous y entrez par un péristyle qui s'ouvre, à toutes arches de son portique, sur l'enchantement du paysage environnant. Voici, en face, se dressant toujours haut sur la majesté de son roc solitaire, le vieux Fort qui n'est plus de nos âges et qui, comme un ancien preux toujours fidèle à sa foi, veut encore prêter à sa Dame la Vierge l'ombre de son giron et, au pèlerin aveuglé de soleil ou seulement au touriste épris de pittoresque, le caractère toujours chevaleresque de sa silhouette féodale encore et... quand même. A droite, sur la hauteur des rocailleuses Spelugues, dont le mamelon isolé et sauvage était bien fait pour se prêter à une figuration nouvelle de l'ancien Golgotha, voici une autre Voie douloureuse et ses Stations sacrées montant jusqu'au Calvaire. Ici, la divine victime de Pilate, qui continue à s'en laver les mains, ne cesse de tendre ses bras suppliciés sur la vallée profonde où l'incrédule continue à passer et à branler la tête, en disant : — Vah!... A gauche, du levant où les lys naissent avec l'aurore blanche, au couchant où meurent les roses avec le crépuscule sanglant, c'est, comme des fleurs jetées à pleines mains par les anges de la contemplation et de la compaticence, la jonchée des couvents dont les alentours de Lourdes parsèment en jardins mystiques le voisinage de la grotte : les sœurs bleues de l'Immaculée Conception et les sœurs blanches du Carmel, les Assomptionnistes de l'autre côté du Gave et, presque en face de la Basilique, les Dominicaines perdues sous leurs ombrages du coteau de Visens, telles que des colombes gémissant leurs éternels cantiques, en des solitudes bibliques. Plus près de Lourdes et de la foule à secourir, voici les filles spirituelles de Mlle Saint-Frai et leur Asile de Vieillards qui partage, avec ces admirables épouses de la souffrance, l'enseigne significative de Notre-Dame des Douleurs. Un peu plus loin, les Clarisses. Du plateau où le jardin potager de ce vaste hôpital descend en amphithéâtre vers le Savy, vous n'avez qu'à passer le Gave sur le Pont-Vieux pour trouver l'Orphelinat où les Dames de Nevers, — Sœurs de Bernadette en religion, entretiennent l'enfance pauvre du pays. Reliés par le pont, ces deux asiles se font face l'un à l'autre et se donnent la main, aux deux extrêmes de la vie. On est si vite passé, du berceau à la tombe, et l'enfance d'hier est sitôt la vieillesse de demain! De ce belvédère enchanteur qu'est le porche de la Basilique, il faudrait compter, à l'horizon de Lourdes s'y découvrant en entier, autant de toits qui sont autant d'asiles où la charité a revêtu toutes les couleurs des Ordres religieux pour y recevoir toutes les pauvretés du monde à hospitaliser et toutes les souffrances de la vie à soulager : en sorte que, si toutes les servantes des pauvres et des affligés disparaissaient soudain de tous les couvents de la chrétienté, on en trouverait, presque sans exception, toutes les représentantes dans ces nombreux refuges de Lourdes, formant autour de la Reine du Ciel la cour la plus admirable qu'ait jamais assemblée ce bas monde.

Mais le grand portail ouvert, jour et nuit, à la foule qui l'envahit vous invite à pénétrer au chant des hymnes incessantes qui font, de cette Basilique triomphante, un *Magnificat* perpétuel. « Vous êtes sur le seuil, dit le *Guide de Lourdes*, qu'il ne reste plus qu'à citer. Le premier coup d'œil vous éblouit, vous émeut. Vous ne savez qu'admirer, parmi toutes ces richesses artistiques. Les bannières flottent aux voûtes, formant comme une écharpe d'or, de broderies et de soie. Une circonférence, tracée avec des cœurs de vermeil, redit certaines paroles de l'Apparition. Une multitude de lampes se balancent au sanctuaire, et les lustres pendent de toute part. Mille objets d'art, dons de la reconnaissance et de l'espoir, brillent partout. Vous arrivez ainsi, attirés par l'admiration, jusqu'au sanctuaire. Le chœur est environné d'une grille dorée. L'autel principal a été taillé dans un magnifique bloc de Carrare, légèrement veiné. Tout le devant est d'une seule pièce. M. Bresson en est l'architecte, et M. Bonnet, le sculpteur, tous les deux de Lyon. Cinq bas-reliefs ornent le devant; le sujet de la Visitation se distingue des autres qui sont : l'Annonciation, l'Assomption, le Couronnement et l'Apparition de la Grotte. Deux autres sujets ont été sculptés aux faces latérales : la Naissance de Notre Seigneur, et la Naissance de la Sainte Vierge. Aux gradins supérieurs du marchepied, on admire de très belles mosaïques que dérobe souvent aux regards le grand et magnifique tapis de la Manifestation nationale, dessiné à Blois et brodé par les Dames de la France entière, sous l'intelligente direction de la marquise de Palaminy.

UNE PROCESSION. — LE PÈLERINAGE DES HOMMES DE FRANCE (AVRIL-MAI 1903)

« En arrière du tabernacle, apparaît la statue couronnée de Notre-Dame. Elle est l'œuvre de M. Cabuchet, de Paris. La couronne, aux douze étoiles d'or et de diamants, posée sur la tête de la statue, est l'œuvre de M. Mellerio, de Paris. L'autel et la statue sont le don d'un seul et même bienfaiteur. Aux pieds de Notre-Dame couronnée est la palme envoyée par le Saint Père. Elle est toute d'or et ornée d'émaux. Elle porte la tiare et les clefs de saint Pierre, avec les armes du Souverain Pontife. On lit sur une banderolle d'or et de pierres précieuses : « De pieuses âmes de Majorque à Pie IX, martyr et confesseur ». Au-dessus de l'autel sont superposés, en cercle, vingt lustres de diverses grandeurs : quand ils sont allumés, on dirait une constellation descendue du ciel. Douze lampes se balancent devant le tabernacle. Au centre du sanctuaire, en face du tabernacle, est suspendue la lampe d'Irlande. Elle mérite cette place d'honneur, par la matière et le travail : de superbes bas-reliefs l'ornent, tout autour ». Cette place d'honneur est surtout accordée à l'Irlande, par hommage pour la vaillance de sa foi ; et c'est ce qui fait le charme intime de cette basilique glorieuse où toutes les nations de la chrétienté ont voulu, par un don, figurer au concert triomphal du monde catholique et dévot à la Vierge de ses indéfectibles espérances, que l'une des moins fortunées y ait la place la plus haute. L'exultant *Magnificat*, qui ne cesse jamais sous ces voûtes glorieuses, ne chante-t-il pas, dans l'assemblée symbolique de ces lampes dont la plus humble est aussi la plus lumineuse ?... *Et exaltavit humiles !*

Et quel est, du plus imperceptible au plus magnifique, celui des mille ex-votos suspendus à ces murs, qui n'ajoute sa voix de cuivre ou d'or, de soie brillante ou de laine étouffée, à l'alleluia qui recommence sur la gamme des métaux lumineux ou des étoffes colorées, aussitôt qu'il s'est tû sur le clavier des orgues solennelles? Quelle oreille n'entendrait pas la voix qui monte ici, depuis les tapis somptueux de ces salles où les Dames de France ont mis une prière et souvent une larme à chaque fil tissé par elles, jusqu'aux bannières éclatantes que les

DES MALADES RECEVANT LA BÉNÉDICTION DU SAINT-SACREMENT

femmes du monde catholique tout entier ont brodées avec leurs cœurs pour significative devise? Cette haute nef en est recouverte par centaines, comme une épouse de la gloire parée et surchargée des dépouilles opimes du monde reconnaissant qui l'envoie, en ambassadrice, à sa Reine. En sorte que le vrai grand Tapissier de-Notre-Dame, ce n'est plus à Paris ni à la cour du roi Louis XIV qu'il faut l'aller chercher ; mais à Lourdes où la Mère de Dieu a adopté, pour fileuses et brodeuses de ses innombrables bannières, non plus seulement les glorieuses filles d'un maréchal de Luxembourg, mais toutes les aristocrates et toutes les plébéiennes du monde confondu en un même concert de louanges. Toutes les nations y flottent, représentées par leurs couleurs victorieuses ou attristées ; mais ces dernières ont la place de faveur, chez la Vierge du *Magnificat*. C'est la Pologne, voilée d'un crêpe noir, à la voûte de la chapelle du Rosaire. C'est l'Alsace aux velours noirs et la Lorraine aux lys blancs, cravatés de deuil : toutes deux à la place d'honneur, en clé de voûte du maître-autel. Ne sont-elles pas les dernières arrivantes d'un autre champ d'honneur, où elles furent à la peine? Et quand s'entonnera sous ces voûtes l'hymne des relevailles futures que la Mère des Douleurs permet aux longs espoirs de ses filles sacrifiées, le premier vent d'allégresse, qui agitera à la fois toutes les bannières de cette basilique du prochain triomphe, ne sera-t-il pas pour ces deux, les plus hautes montées au pinacle du sacrifice

S. M. ALPHONSE XIII SE RENDANT DE L'ÉGLISE DU ROSAIRE A LA BASILIQUE (JUILLET 1905).

et les plus prêtes à y voir poindre, tôt ou tard, l'aube de la résurrection? Quelle Niobé des nations tantôt heureuses et tantôt malheureuses eut jamais pour ses filles, assemblées autour d'elle, un temple plus symbolique de la victoire ou de la défaite dont ces trois cents bannières exposent ici les couleurs, sur leurs robes d'or ou de deuil?

De la Basilique de Notre-Dame nous n'achèverions pas d'énumérer les richesses artistiques, et nous y oublierions, dans la lumière des 23 hauts vitraux, la terre ferme dont le niveau nous attend à 24 mètres où gît le rocher de Massabielle, – le centre de la grotte correspondant au centre même des maîtres autels de la crypte et de l'église supérieure. Soustrayons-nous aux lumineuses extases de ce Thabor qu'envahit le soleil à pleines éclatantes verrières, comme dans une admirable monstrance d'orfèvre dont M. Hippolyte Durand fut le magistral architecte ; et descendons enfin à la Grotte d'où ont germé, comme un lys à trois fleurs de son bulbe terreux, ces éclatants miracles de la pierre et du marbre. Comme un cortège nuptial qui marche dans son rêve et qu'accompagne le carillon joyeux des quatre cloches pesant ensemble 5.700 kilogrammes de bronze, nous descendons par les terrasses monumentales et leurs légers encorbellements où l'harmonie des lignes courbes continue à se jouer dans la lumière, qui les envahit de toute part. Encore quelques pas, loin des orgues et des cantiques ; et nous voici, longeant le Gave aux sauts sonores et les piscines, où la prière silencieuse prend des effets de sanglots étouffés. Le silence pieux augmente sur vos lèvres et dans votre cœur ému, à mesure que vous approchez de cette espèce d'ouverture rocheuse, haute de 5 ou 6 mètres, large de 7 ou 8, profonde... vous alliez dire de 7 avec votre guide vulgaire, quand, tout à coup, vous avez senti que, par cet orifice mystérieux, c'est la terre meurtrie et pénitente qui communique avec le ciel visible et compatissant.

Devant cette déchirure béante, faite dans le rocher qui s'est fendu, que les ombres du mystère tapissent et que les cierges de la foi éclairent, plus de scepticisme qui résiste à une telle clairvoyance, plus de raison qui tienne contre une évidence pareille. Qu'on soit homme ou enfant, pétri d'indifférence pour des maux que l'on n'a pas soufferts ou plein d'émotion pour les douleurs qu'on entend gémir alentour, ici, il n'est plus athée ou indifférent qui tienne. Les genoux plient, les mains se joignent, les lèvres prient ; on est à terre, on voit, on sait, on croit : « *Sainte Marie, mère de Dieu, priez pour nous, pauvres pécheurs!...* » Dans ce silence suppliant de l'humanité qui implore et de la divinité qui écoute et qui compatit, c'est, tout au plus, la voix de quelque oiseau qu'on perçoit sous la feuillée, roulant dans son gosier plein de fraîcheur la goutte de rosée qu'il a puisée, avec l'aurore naissante, au calice des fleurs.

S. M. ALPHONSE XIII SORTANT DE LA GROTTE MIRACULEUSE

LOURDES ET SON CHATEAU-FORT. PANORAMA GÉNÉRAL DE LA VILLE

Depuis les âges antiques, de Philomèle et de Progné, la nature immortelle n'a rien changé à la modulation gaie ou triste dont les musiciens de nos bois chantent et enchantent leur bonheur de vivre et leur tristesse de mourir. Mais, avec le même orchestre des bois antiques ou modernes, qu'il y a loin, de ces lieux bénis où la grâce repose, à la sombre caverne d'Endor ou à l'antre effrayant de la Pythonisse !

Cependant quel est ce murmure de lèvres qui ne prient plus à voix basse, mais qui implorent et objurguent même à haute voix, et dont les froides majestés des acropoles antiques ne connurent ni la toute-puissance suppliante, ni le familier et confidentiel abandon? « Secours des chrétiens, priez pour nous! — Consolatrice des affligés, salut des infirmes, priez pour nous, priez pour nous! — Notre Dame de Lourdes, guérissez nos malades!... Je vous salue, Marie, pleine de grâce!... Sainte Marie, mère de Dieu!... *Ave Maria!.. Ave! Ave!* » Ce n'est plus une voix, c'est dix, cent, mille, qui montent à la fois des abords de la Grotte, et dont sont couvertes celle de l'oiseau qui chante dans les arbres et du torrent qui mugit dans ses digues. Sur cette plate-forme de Massabielle, ce n'est plus un pèlerin égaré, qui cherche sa patrie au même azur du ciel partout semblable, et aux mêmes yeux bleus de la Vierge de Lourdes où il retrouve le charme de ses mères et de ses sœurs lointaines ; mais c'est une même et immense famille qui s'est reconnu tout à coup les mêmes airs d'humaine parenté, à la douceur de celle dont les yeux brillent comme l'étoile de la mer, et que les hymnes alternant avec les prières continuent d'appeler mère : *Ave, maris stella!.. Monstra te esse matrem!...* Et, comme dans une forêt profonde où les arbres se rattachent de branche en branche pour mieux résister aux orages, voici cette foule, à genoux ou debout, qui tend ses bras en croix et les relie, de l'un à l'autre, du plus petit au plus grand, du plus faible au plus fort, du plus pécheur au plus sanctifié : vraie forêt suppliante de cette pauvre humanité en larmes devant son Créateur et dont le bois qui pleure, autrement que dans l'allegorie du poète latin, parle aussi comme les rameaux fabuleux de Virgile et somme la Divinité, qui n'est plus sourde, à accomplir des prodiges :

— Notre Dame de Lourdes!... Notre Dame de Lourdes!... Notre Dame de Lourdes!... Jésus, fils de David, ayez pitié de nous!... Seigneur, si vous le voulez, vous pouvez me guérir!... Mon Dieu! faites que je voie!... Mon Dieu, faites que je marche!... Mon Dieu, faites que j'entende!... Vous êtes la résurrection et la vie!... Vous êtes mon Seigneur et mon Dieu!... Vous êtes le Christ, fils du Dieu vivant!...

Depuis les âges christianiques où, à la voix du Fils de Marie, l'esprit de Dieu descendait sous le portique de Betsaïde, inondé de grabats, et agitait les eaux où les aveugles et les paralytiques retrouvaient la lumière de leurs yeux éteints et le mouvement de leurs membres perclus, jamais plus, en aucun lieu du monde et en aucun temps de l'histoire, la douloureuse humanité, adressant ses prières délirantes à la Divinité spectatrice de plaies épouvantables et d'apparemment inguérissables blessures, n'avait osé provoquer duel à la fois plus audacieux et plus sublime. Sur cette place de la Grotte et des piscines voisines, le surnaturel, — représenté jusqu'à ce jour par 10.000.000 de pèlerins et par 2.633 malades désespérés et officiellement reconnus guéris, de 1867 à 1903, — le surnaturel, dis-je, a donné rendez-vous et sommation de paraître au naturel pour ces rencontres solennelles de peuples entiers et d'hôpitaux entiers, comme témoins anxieux et comme sujets patients du drame où c'est la foi du monde qui semble vouloir jouer son va-tout, devant les progrès de la raison qui se circonscrit au monde visible, et les affirmations de la foi qui proclame, devant l'infini sans limites, la puissance sans bornes de l'invisible Divinité. Ici, ni plus ni moins, c'est la vie et la mort qui se mesurent en champ clos : l'une, avec ses ardeurs délirantes et ses transports surhumains de croyante exaltée jusqu'à l'héroïsme des actes capables de transporter les montagnes, selon la promesse même de son Dieu ; l'autre, avec ses pâleurs cadavériques et ses abjections honteuses du miracle dont elle désespère, comme ce qui n'a plus de forme humaine et que la puissance divine aurait plus tôt fait de recréer du néant. Et la mort épouvantée recule, et la vie exultante avance. Les prières de l'assemblée se font plus instantes et

UNE PROCESSION SE RENDANT À LA GROTTE DE LOURDES DANS LES JARDINS DU VATICAN

S. S. PIE X DESCENDANT LES RAMPES DU MONUMENT COMMÉMORATIF DE LOURDES AU VATICAN.

plus objurgatrices, comme dans ces scènes de veillées funèbres que les voyageurs nous rapportent de ces îles où l'assistance se lamente longuement jusqu'à ce que, son inutile *lamento* l'exaspérant, elle désespère de rendre le défunt à la vie et finit par se taire.

Secours des chrétiens !... Force des faibles !... Notre Dame de Lourdes, priez pour nous !

Lorsque les bras en croix sont las et que, les prières s'alanguissant, le miracle imploré tarde à se produire ; alors la foule des fidèles, constante en ses espoirs divins, a recours en un suprême effort. Elle implore les prêtres de prendre Dieu lui-même à son tabernacle, de l'élever sur l'ostensoir aux yeux de l'assistance et d'obtenir que la divine Hostie se fasse la propre avocate du miracle qu'elle ne refusera pas plus longtemps à ses élus reconnaissants. Comme pour une sortie triomphale précédant la victoire, les bannières se déploient devant le dais, qui agite au plein air ses blancs panaches et ses draps d'or ; et la procession s'avance, au chant des hymnes, au son des cloches, à la clarté du soleil et des cierges. Par dix mille voix toutes chantantes où cette foule va-t-elle, en sa sainte folie, tenter Dieu qui ne lui a pas accordé encore le miracle du jour ? Elle laisse la Grotte bénie à sa solitude et la Fontaine miraculeuse à ses eaux vives, qui n'ont pas voulu aujourd'hui désaltérer la mort. Elle passe, sans s'y arrêter encore, devant les piscines désertes d'où les agonisants inexaucés ont replié leurs linceuls et fait transporter ailleurs leurs civières. Elle longe les rampes des sanctuaires, dont les arceaux géants s'ouvrent dans l'infini de l'horizon, comme les portes solennelles du mystérieux au delà. Sera-ce la mort ou la vie qu'attendront, à bout de souffle, ces audacieux moribonds, portés sur leurs brancards, vers l'Esplanade du Rosaire ? La procession y déborde et s'y partage en deux vagues immenses de mer humaine, laissant vide le milieu de la place, pareille à une plage couverte de grabats gémissants et de lamentables débris de ce naufrage humain, par où le Dieu de tous ces malheureux va se livrer passage. Et, dès que l'ostensoir apparaît, c'est, comme aux jours où Jésus s'avançait sur les sables des lacs galiléens, plein de pitié pour la foule lamentable, la même foule accablée des mêmes maux recommençants, qui répète à son même Sauveur les mêmes prières suppliantes :

Jésus, fils de David, ayez pitié de moi !... Jésus, fils de Marie, écoutez-moi, exaucez-moi, guérissez-moi !... Notre Dame de Lourdes !... Notre Dame de Lourdes !... Notre Dame de Lourdes !... priez pour moi, priez pour nous !

En cet instant suprême, où le ciel touche terre, où l'irréel est la réalité même et où l'on sent le passage de la divinité parmi les hommes pour le miracle qui se prépare, les cœurs étreints d'une angoisse invincible cessent de battre dans les poitrines. Les yeux ouverts ne sont pleins que de larmes. Les lèvres palpitantes répètent convulsivement les saintes imprécations. Et voici que, dans cet accord unanime de la foule croyante ou incroyante à supplier le même Dieu de pitié, voici que, pour exaucer la prière des saints qui l'invoquent, et celle des impies qui se surprennent à l'implorer aussi, la céleste Toute-Puissance se laisse enfin fléchir ; et le prodige s'opère, aux cris soudains de l'assistance délirante :

— Miracle !.. Miracle !... *Magnificat !...*

C'est un homme, cloué depuis trois ans sur son grabat où il semble avoir rendu son dernier souffle, en ce dernier suprême effort qui l'a laissé porter, aujourd'hui encore, sur l'Esplanade du Rosaire. Il y est mort même, pendant la cérémonie, puisque les brancardiers effrayés ont rabattu un pan du linceul sur le visage devenu livide. Mort, non, puisqu'il se lève tout à coup, se dresse dans son linceul et marche derrière l'ostensoir, avec ce corps de spectre ressuscité qui fait peur. Il faut l'arrêter, après de si longs mois qu'il ne s'est mû ; car ses jambes ne sont plus que deux os, et ses pieds qu'une plaie tout à coup cicatrisée et habile à la marche. On l'entoure. Il se nomme. Gabriel Gargam était, en 1899, un robuste postier ambulant. La nuit du 17 décembre, il était, pour son service des Postes de l'État, dans le train-rapide de Bordeaux-Paris qui fut si sinistrement télescopé et broyé par l'express survenant, sur la courbe de Livernant, près d'Angoulême. Et depuis, relevé dans la neige parmi les morts, il n'avait plus vécu que par un miracle de survie, lorsque, abandonné de tout espoir humain, il s'était laissé porter à Lourdes où un miracle final et avéré par les procès verbaux les plus indéniables des Facultés de Médecine, invitées à le constater, rendait à ce Lazare ressuscitant tout à coup la santé la plus entière et la mieux conservée, depuis.

S. S. PIE X RÉPONDANT AU DISCOURS DE MGR SCHOEPFER

[illegible] MONUMENT DE LOURDES AU VATICAN, AVEC SS. [illegible]

Miracle !... Miracle !...

C'est une femme, Clémentine Trouvé, dont le talon du pied droit, dit le procès-verbal du Bureau des Constatations, « était complètement carié et suppurant ». C'est Mr Gordet « avec une péritonite suppurée et des abcès qui perçaient à l'extérieur, tous les quinze ou vingt jours ». Marie Lemarchand, dont « un lupus avait envahi le nez et la bouche. Les cartilages du nez se trouvaient presque mangés, la bouche s'était rétractée, tirée à gauche par l'enflure de la lèvre supérieure, pareille à une fente oblique, immonde et sans forme. Une sueur de sang, mêlée à du pus, coulait de l'énorme plaie livide ». Mlle Rouchel, dont le visage était dévoré presque en entier par un autre lupus monstrueux qui faisait dire à la malheureuse mère, incapable même de s'alimenter de mets solides par la plaie de la bouche, toujours à vif : « Sainte Vierge, qui fûtes mère aussi, faites, comme unique miracle, que cet inguérissable mal ronge mon corps sur une autre partie, et que mes pauvres enfants puissent me voir enfin sans dégoût! »

-- Miracle !... Miracle !...

Et combien d'autres guérisons matérielles, visibles, palpables, au nombre des 2.633 que le Bureau des Constatations a officiellement inquisitionnées et enregistrées, de 1867 à 1903, sous l'impartiale et rigoureuse surveillance des savants docteurs Vergez de Saint-Maclou et Boissarie; combien d'autres que le public n'a pas connues, et dont furent seuls témoins les heureux privilégiés qui n'en ont rendu compte qu'à la Vierge des Mystères dont le Prophète-Roi avait dit, d'elle, la première : *Ommis gloria filiæ regis, ab intus !* Les tablettes de marbre, dont les sanctuaires de Lourdes sont déjà recouverts, disent seules, en ex-voto discrets et en cartes de visite anonymes, la reconnaissance de ces innombrables miraculés dont le silence, ami des simples, a recueilli les noms au livre sans page de l'humilité chrétienne et du souvenir éternel. Et ces autres âmes encore qui, mieux qu'une guérison matérielle, ont emporté de Lourdes une résignation constante à leurs maux durables, — plus admirable même qu'un miracle d'un instant, durant les longues heures restantes de vie douloureuse et de patience désormais à toute épreuve...

— J'ai été à même, racontait récemment Pie X, de constater semblable effet sur un prêtre de mes amis, à la suite d'un pèlerinage qu'il avait fait à Lourdes. Ce bon prêtre, étant tombé gravement malade, je lui conseillai de faire le pèlerinage de Lourdes et l'exhortai à une grande confiance en la Vierge de l'Immaculée Conception. Or, quelques jours après le retour des pèlerins en Italie, cet abbé Tommasini vint me faire visite, — j'étais alors Patriarche de Venise, — et me dit : « Eminence, j'ai obtenu un grand miracle à Lourdes. — Ah! lui répondis-je, Dieu soit béni. Vous êtes donc guéri? — Non! Dieu et la bonne Vierge m'ont accordé mieux : ce que j'appellerai la grâce des grâces. Ma maladie me reste, mais j'ai compris que cela était préférable pour moi. Je ne saurais même vous dire, Eminence, à quel point je suis heureux de devoir souffrir, en attendant que sonne l'heure de ma mort. » Pour moi, termina Pie X, comme pour l'abbé Tommasini, la grâce d'une résignation absolue, si difficile à la nature, me semble plus précieuse encore et plus prodigieuse, que ne serait un retour parfait et subit à la santé.

Les rois chrétiens n'oublient pas plus que les foules misérables et souffrantes le chemin de Lourdes. Le 27 juillet 1905, le roi d'Espagne, venant de Pau, arrivait en automobile et mettait pied à terre auprès de l'ancien Chalet des Evêques.

Un instant après, le royal filleul de Léon XIII pénétrait dans la Grotte. « Sire, lui dit Mgr du Curel, évêque de Monaco, en l'absence de Mgr l'évêque de Tarbes, je suis heureux et fier d'avoir à faire à Votre Majesté les honneurs de ce sanctuaire. Je le fais comme Français et aussi comme évêque de la Principauté de Monaco dont le Souverain a occupé une haute fonction dans la marine espagnole. C'est dans ces sentiments que je vais prier avec Votre Majesté pour la conservation de ses jours, la prospérité de son royaume et le bonheur de son peuple et de son illustre Maison. »

Guidé par le distingué prélat, Alphonse XIII, visiblement ému, fit le tour de la Grotte, dont la niche et la statue attirèrent surtout sa religieuse attention. Puis, en compagnie de sa suite, il s'approcha de la fontaine pour y boire et, en souvenir de son pèlerinage, sollicita comme une faveur qu'on lui permit d'emporter le verre dans lequel l'eau miraculeuse lui avait été présentée.

De là, Sa Majesté se rendit aux Piscines d'abord, au Rosaire ensuite à l'entrée duquel, mitre en tête et crosse en main, l'attendait Mgr Béguinot. Ainsi que déjà l'avait fait à la Grotte Mgr de Monaco, l'éminent évêque de Nîmes adressa quelques paroles de délicate et

S. S. PIE X INAUGURANT LE SANCTUAIRE DE LOURDES DANS LES JARDINS DU VATICAN (28 MAI [illegible])

cordiale bienvenue au jeune Souverain et, conformement au cérémonial de l'eglise, lui offrit l'eau benite. Alphonse XIII s'inclina devant le prelat et, apres avoir porte ses doigts au goupillon que lui presentait l'eveque, fit un grand et impressionnant signe de croix. Le sermon fut naturellement supprime. Mais n'etait ce pas une prédication des plus eloquentes, que la vue de ce descendant de rois illustres, monarque lui meme, donnant a tous l'exemple de sa piété envers Dieu et sa Tres Sainte Mere, la Vierge Immaculee?

Du Rosaire, Alphonse XIII se rendit a la Basilique supérieure et alla tout droit, au chœur ou il s'agenouilla sur le prie-Dieu qui lui avait ete prepare. Les yeux fixés sur la statue de l'Immaculée, il resta quelques minutes absorbé dans une priere que, sans nul doute, rendait plus fervente encore la pensée de son auguste Mere à laquelle, aprés Dieu, il doit d'être un roi vraiment digne de son titre de catholique. Quand il se releva, il contempla longuement et avec admiration la gracieuse Basilique dont Mgr Béguinot et Mgr du Curel lui firent les honneurs. Ce qui l'emerveilla surtout ce fut la somptueuse et incomparable décoration que font au sanctuaire ses étendards, ses bannieres et ses milliers d'ex voto.

Apres la visite du « Trésor », une fois encore le roi s'agenouilla auprès de la table de communion et fit une derniére priére. Son pelerinage etait achevé.

Quelques mois auparavant, le 27 mars, S. S. Pie X, au cours d'une inoubliable cérémonie, avait béni et inauguré le fac-simile des sanctuaires de Lourdes, édifié dans les jardins du Vatican, par l'élan unanime des fidèles de l'Immaculée Conception. Où trouver un écho plus vibrant à de pareils souvenirs, que dans les belles paroles adressées au Pape, en cette circonstance, par S. G. Mgr Schœpfer, et par la prière auguste qui y fut répondue? « Très Saint Père, dit l'Évêque de Tarbes, mon émotion est plus grande que je ne saurais dire, en ce moment solennel où je prie humblement Votre Sainteté de daigner recevoir de mes mains l'hommage de cet édifice, élevé par la générosité des catholiques, à l'ombre de Saint-Pierre et dans la demeure du Pape, en l'honneur de Notre-Dame de Lourdes. Tous ceux qui unissent le culte de Notre-Dame de Lourdes à l'amour du Pape, expriment aujourd'hui par ma bouche ce vœu filial que Votre Sainteté puisse trouver ici les plus douces consolations, un lieu de repos pour son cœur, un coin du ciel dans ce que Léon XIII voulait bien appeler son « coin de France. » Ce sera pour nous tous, peuple chrétien, une joie bien grande, quand nous nous agenouillerons là-bas, devant la grotte sanctifiée naguère par la présence de la Mère de Dieu, quand nous serons prosternés sur cette terre enrichie et enivrée de ses bénédictions; oui, ce nous sera une joie infinie de penser que le vicaire de Jésus-Christ prie, pleure, et espère avec nous tous, nous ses enfants dévoués, résolus à lui être fidèles dans la vie et dans la mort : *ad convivendum et ad commoriendum*. L'union avec le Pape nous mettra plus prés de Dieu, plus prés de Jésus-Christ, et plus prés de sa Mère immaculée. Être avec le Pape, ce sera toujours pour nous le point d'appui d'une invincible espérance, le gage assuré de la victoire promise à la foi... »

S. G. MGR SCHOEPFER, ÉVÊQUE DE TARBES, GARDIEN DU SANCTUAIRE DE LOURDES

A l'adresse de Mgr Schœpfer, Pie X répondit par une cordiale improvisation en laquelle, aprés avoir exprimé sa reconnaissance et sa satisfaction, il parla sans amertume, avec la foi la plus haute et l'espoir le plus grand, des tristesses de l'heure présente. Et le Saint Père termina ainsi :

« Pour exprimer les sentiments de ma gratitude envers vous, Monseigneur, et envers tous les catholiques français qui ont concouru à l'érection de ce temple, je ne saurais mieux faire que d'adresser une prière à l'Immaculée.

« Puisse cette Vierge bonne et puissante obtenir de la miséricorde du Seigneur que la Fille ainée de l'Eglise se montre toujours, ainsi qu'elle vient de le faire en cette circonstance, non seulement en paroles, mais en actes, sa Fille aimante et chérie, afin que jamais, après tant de prodiges opérés en sa faveur, Dieu n'ait à oublier la portion choisie et privilégiée de son troupeau. »

III

Il faut que les plus beaux jours finissent ici-bas et que la nuit tombe, à son heure, sur ce Thabor qu'un inoubliable soleil a inondé de sa lumière. Voici les derniers rayons de l'astre mourant, qui mordorent les pierres blanches des trois sanctuaires de Lourdes. Mais voici surgir, en illumination nocturne, la croix audacieuse dont le haut pic du Ger couronne ces sommets d'onduleuses montagnes et les éclaire, comme un phare les vagues ascendantes de l'océan pyrénéen. On se recueille pour le départ. Sur tous les chemins de l'horizon, tous les pèlerins du monde connu s'acheminent. Chemin faisant et chacun emportant dans son âme reconnaissante la luciole mystique qu'on a allumée au foyer de la Vierge de Lourdes et qui ne s'éteindra jamais plus, on retourne la tête, on regarde encore la Cité du Miracle illuminer de ses cierges bénis, — étoiles de la terre répondant aux étoiles du ciel, la nuit du siècle qui recommence à croire en une résurrection dont l'autre avait laissé désespérer. Et plus fier, en son âme catholique et romaine quand même, que l'antique Latin à qui sa Vesta n'avait laissé que les feux éternels, morts depuis sur les marbres froids du Capitole payen, on envoie, à travers l'espace, l'hymne de reconnaissance à la Vierge chrétienne qui, à travers toutes les douleurs humaines guéries ou consolées, a fait, de la beauté morale, la religion immortelle de la plus vraie et de la plus durable des beautés.

Ave Maria!... Ave Maris stella!...

« Salut à toi, pleine de grâces!... peut dire votre prière montant à des hauteurs idéales où n'atteignit jamais celle des adorateurs de la beauté antique, dans les Parthénons de marbre froid et devant les simulacres impassibles de leurs déesses sans entrailles. Salut, vierge! Salut, mère! Salut, reine!... O filles de Juda! je vous adjure par le cristal des fontaines et la blancheur des lys: les sources de Siloé et les fleurs de Saron furent-elles plus pures que cette vierge de David, quand l'ange du Seigneur la salua à genoux, pour lui annoncer le mystère d'amour et d'incarnation qu'un Dieu, plein de pitié pour les misères de ses créatures gémissantes, allait opérer dans son sein d'élection; vase spirituel, d'où germerait la tige promise à l'arbre messianique de Jessé? O mères d'Israël! par la force des douze tribus que votre fécondité enfanta, dites-nous à quelle d'entre vous il faut comparer la vaillance de celle qui eut Jésus de Nazareth pour fils et le crucifié du Golgotha pour martyr : à Rachel qui pleure, dans Rama, ses enfants qui ne sont plus; ou à la mère des Macchabées, qui mêla son cadavre à ceux de ses sept enfants immolés? O reine des martyrs! à quelle de tes sœurs comparer ta souffrance grande comme la mer, lorsque tu portes sur tes genoux ensanglantés la victime innocente du Calvaire : à l'holophernesque Judith portant, à Bethulie, la tête du barbare vaincu; ou à la dithyrambique Debborah célébrant à Bethel le marteau de Jahel, sa rivale, et le crâne brisé de Sisarah, leur vainqueur terrassé?

« Vierge de la fécondité sans tache, mère de la douleur sans mesure, reine du martyre sans fin, la coupe dont tes lèvres ont soif n'est pas celle qui se remplit du sang des peuples ennemis, mais celle qui déborde des larmes d'une humanité malheureuse dont tu as adopté les souffrances. L'antiquité stérile des froides déesses, tes rivales, n'avait trouvé dans tout l'Olympe des faux dieux qu'une Niobé trop faible pour servir d'exemple à la douleur abhorrée, et que le rocher de Sipyle où sculpter le simulacre redouté de la malheureuse fille de Tantale. Toi, de ton cœur percé des sept glaives, tu deviens le symbole perpétuel de toutes les souffrances du monde; et tant de martyrs, à ton exemple, quittent la terre en souriant que le ciel, où ils volent pour te retrouver, en est plein O Philoctète malheureux, laisse à Lemnos tes flèches inutiles et demande pour guérir ton horrible plaie et échapper à ton île maudite, d'autres ailes que les voiles d'Icarie et une autre foi que celle du père de Néoptolème. O Camille! les feux éternels de Vesta sont éteints, à l'autel des prêtresses romaines. Sur le Palatin en ruines, le figuier de Romulus est sans feuilles et, sans vertus, la cuirasse tutélaire de Mars. La terre, moribonde d'avoir tant adoré des statues, a besoin, pour se ressusciter sur son tombeau, d'autres beautés plus salutaires et moins frivoles que celles qui naquirent, avec Vénus, de l'écume des mers.

« Beauté de l'âme que rien n'altère, beauté immatérielle qu'aucune laideur du corps ne peut atteindre, beauté chrétienne, surnaturelle et impérissable beauté, salut!... O grottes des Spélugues, ô roches de Massabielle, nous vous en conjurons, par la fraîcheur de vos fontaines où le miracle coule à pleins bords, par la lumière de vos cierges où l'extase étincelle à pleins yeux, par vos sanctuaires témoins de tant de grâces, par vos gaves si purs et par vos montagnes si belles, conservez, sous vos manteaux de neige immaculée, de verdures fleuries, de marbres et de pierres, la Reine de beauté immortelle et la Souveraine de toute-puissante bonté dont tant de malheureux, en ce monde, ont besoin. »

BOYER D'AGEN.

SUR LA TERRASSE DE L'ÉGLISE COMMÉMORATIVE DE LOURDES, DANS LES JARDINS DU VATICAN

TABLE DES GRAVURES

Entrée des Bureaux

Cour d'honneur — Monument du Fondateur

Oratoire

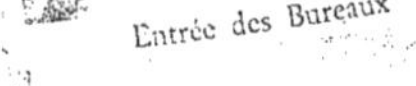

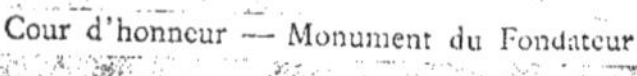

Vue générale des Etablissements de la Bénédictine à Fécamp

Grande Salle des Abbés

Fontaine Vincelli

Musée — Salle Renaissance

La Distillerie et le Musée de "LA BÉNEDICTINE" sont visibles tous les jours

www.ingramcontent.com/pod-product-compliance
Ingram Content Group UK Ltd.
Pitfield, Milton Keynes, MK11 3LW, UK
UKHW021042260726
13994UKWH00005B/2308

9 782329 525259